SALZWEDEL
bearbeitet vom Stadtbauamt Salzwedel
Maßstab 1 : 7500
100 50 0 100 200 300 400m
Eisenbahn mit Bhf. (Muster geschützt)
Die Seite eines jeden Quadrates bedeutet eine Entfernung von 300 m
Gesetzlich geschützt. Nachahmung (auch teilweise) wird gerichtlich verfolgt.
Die Verwendung der Pharus-Pläne für anderweitige gewerbliche Weiterverarbeitung ist nur mit Einwilligung des Pharus-Verlages gestattet.
Alleinvertrieb:
Deutsches Buchhaus, Salzwedeler Wochenblatt, G.m.b.H.
Salzwedel
N
W
O
S
2
L
M
Hauptbahnhof
Kleinbahnhof
Kleinbahn
Bahnhof
Zucker-Fabrik
Reichsbahn-betriebsamt
Elektrizitäts Werk
Gaswerk
Hoyersburger
Tor
Lüchower
Großer
Kleiner
Tuchmacher
Nach Stendal Berlin Magdeburg
Städtisches Gymnasium
St. Katharinen
Post A.
Wollweber
Str.
Alte
Jeetze
Stadtmauer
Strohstoff Fabrik
Grüner
Weg
Ritzer
Str.
Städtischer Schlachthof
Krangener Weg
Garten
Morgen
Marien
Hindenburg Denkmal
Schützengilde haus
Viertes Reichs Waisenheim
Klingenberg
Neuperver Tor
Vieh-Auktions-halle
Altperver Tor
Bf
Altpervertor
St. Spiritus
Georgs
Perver
Leiß-Mühle
St. Georg Hospital
Volks-Sch.

FR. C. NEUBAUER
Schuhmacher-Meister
Hermann Witte.

Salzwedel

Die erste Salzwedeler Baumkuchenfabrik besteht schon seit 1807 und wurde von Johann Andreas Schernikow gegründet. Neben dieser gab es noch die Fabrik von C. Peters und Nachfolger Fritz Kruse. Heute wird der Baumkuchen in alle Länder der Welt versendet.

Ingo Drechsel und Danielo Kopka

Salzwedel

Eine Zeitreise in Bildern von 1890 bis 1945

SUTTON

Hier ist die Burgstraße zu Beginn der 1930er-Jahre zu sehen. Interessant ist, dass diese beliebte und sehr belebte Straße im Zentrum für den Autoverkehr freigegeben war. Heute ist sie eine Fußgängerzone und nur noch für den Lieferverkehr zugänglich.

Einband vorn: Mitglieder der Familie Meineke 1916 am Altstädter Bahnhof in der Braunschweiger Straße.
Vorsatz: Stadtplan von Salzwedel um 1933.
Seite IV: Salzwedel lebte vom Handwerk. Um die Jahrhundertwende gab es fast 20 Schuster in der Stadt. Hier ist Schuhmachermeister Fr. Carl Neubauer in der Holzmacherstraße 1 mit seinem Nachbarn Hermann Witte, ebenfalls Schuhmacher (Holzmacherstraße 3), zu sehen. Aufnahme von 1902.
Seite 5: Erste Luftbildaufnahmen entstanden in den 1880er-Jahren in Deutschland. Sie wurden aus Ballons oder Zeppelinen geschossen, später fotografierte man auch aus Flugzeugen. Diese Aufnahme mit Blick auf die Altstadt entstand Ende der 1920er-Jahre.
Nachsatz: Stadtplan von Salzwedel nach Kriegsende um 1945/46.
Einband hinten: Die Ulanen des 16. Regimentes in Salzwedel.

Impressum
Sutton Verlag GmbH
Schweickhardtstraße 1
72072 Tübingen
www.suttonverlag.de

2. Auflage, 2023
ISBN: 978-3-96303-379-7
Printed in Poland by CGS Printing
Gestaltung und Herstellung: Sutton Verlag

In diesem Buch wird aus Gründen der besseren Lesbarkeit das generische Maskulinum verwendet. Weibliche und anderweitige Geschlechteridentitäten werden dabei ausdrücklich mitgemeint, soweit es für die Aussage erforderlich ist.

Inhalt

Aufmarsch der Schützengilde in Salzwedel um die Jahrhundertwende. Im Hintergrund ist das heute verfallende Hausensemble zu sehen, damals noch sehr schön geschmückt. Hier befand sich die traditionsreiche Brauerei und Branntweinbrennerei Wande.

Einleitung

Der Name unserer schönen Fachwerkstadt wird anlässlich der Belagerung der Burg Salzwedel durch Kaiser Heinrich V. bereits im Jahr 1112 genannt. Als Stadt im Rechtssinn wird Salzwedel jedoch erstmals 1233 erwähnt. Im selben Jahr entstand das Wappen der Altstadt. 1247 wurde unmittelbar nordöstlich der Altstadt die Neustadt als eigenständige Stadt gegründet. Beide Städte lagen innerhalb der Stadtmauer, deren Reste teilweise noch erhalten sind. Erst im Jahr 1713 wurden Alt- und Neustadt vereinigt. Der früher im Volksmund verwendete Name „Klein Venedig“ stammte von den vielen kleinen Gewässern, Flüssen und Brücken, die Salzwedel durchzogen. Die Stadt überstand die beiden Weltkriege fast unbeschadet, sodass die historische Bausubstanz größtenteils noch heute erhalten ist.

Ende des 19. Jahrhunderts erlebte man auch hier die Auswirkungen der ersten industriellen Revolution. Im Zuge der zunehmenden Bautätigkeit wurden viele alte Fachwerkhäuser abgerissen. Ein Trend der sich heute nach über 100 Jahren fortsetzt. Neue Häuser wie das Oberlyzeum (Höhere Mädchenschule), in dem sich jetzt das Kunsthaus befindet, oder das Friedrich-Ludwig-Jahn-Gymnasium prägen seitdem das Stadtbild.

Die Stadt wurde durch ihre Handwerker und die Tuchmacherzunft wohlhabend. Später entstanden Industriebetriebe wie die Düngemittel-, Zucker- und Strohseilfabrik, die Pumpenfabrik Loewe, die Bergschloss-Brauerei und natürlich Betriebe zur Herstellung des Salzwedeler Baumkuchens. Sie brachten weiteren Fortschritt mit sich. Die Zuckerfabrik war seinerzeit, die Produktion betreffend, die größte in Deutschland, existiert jedoch seit den 1990er-Jahren nicht mehr.

Der rege Handel besonders mit Hansestädten wie Lübeck ließ die Stadt weiterwachsen. Die Einwohnerzahlen stiegen und neue Häuser sowie Siedlungen entstanden. Der Fluss Jeetze war bis 1908 schiffbar, verlor allerdings durch die starke Bebauung der Stadt gänzlich seine Bedeutung als Handels- und Wirtschaftsweg. Erwähnenswert sind auch die Kleinbahnstrecken, die Salzwedel mit großen Städten verbanden. Sie waren wichtig für den Warenaustausch, den Handel und die Industrie.

Salzwedel ist vielen auch als die Stadt mit über 100 Kneipen bekannt. Das ist nicht nur der Ausdruck von Trinklust, sondern auch ein Zeichen von Geselligkeit und Wohlergehen.

Zudem war Salzwedel über 100 Jahre Garnisonsstadt. Das Ulanen-Regiment „Hennigs von Treffenfeld“ Nummer 16 wurde nach dem Ersten Weltkrieg 1918 aufgelöst. Wo einst das Neustädter Rathaus stand, das im Jahr 1895 komplett niederbrannte, wurde in Gedenken an das Ulanen-Regiment ein Denkmal errichtet. Nach dem Willen der Bürger und einem Beschluss des Stadtrates von 2008 lädt an dieser Stelle heute ein schöner Platz mit einem Springbrunnen und Sitzbänken zum Verweilen ein.

Dieses Buch gibt einen Einblick in die bewegte Geschichte unserer Stadt. Besichtigen Sie Salzwedel, es ist immer einen Besuch wert.

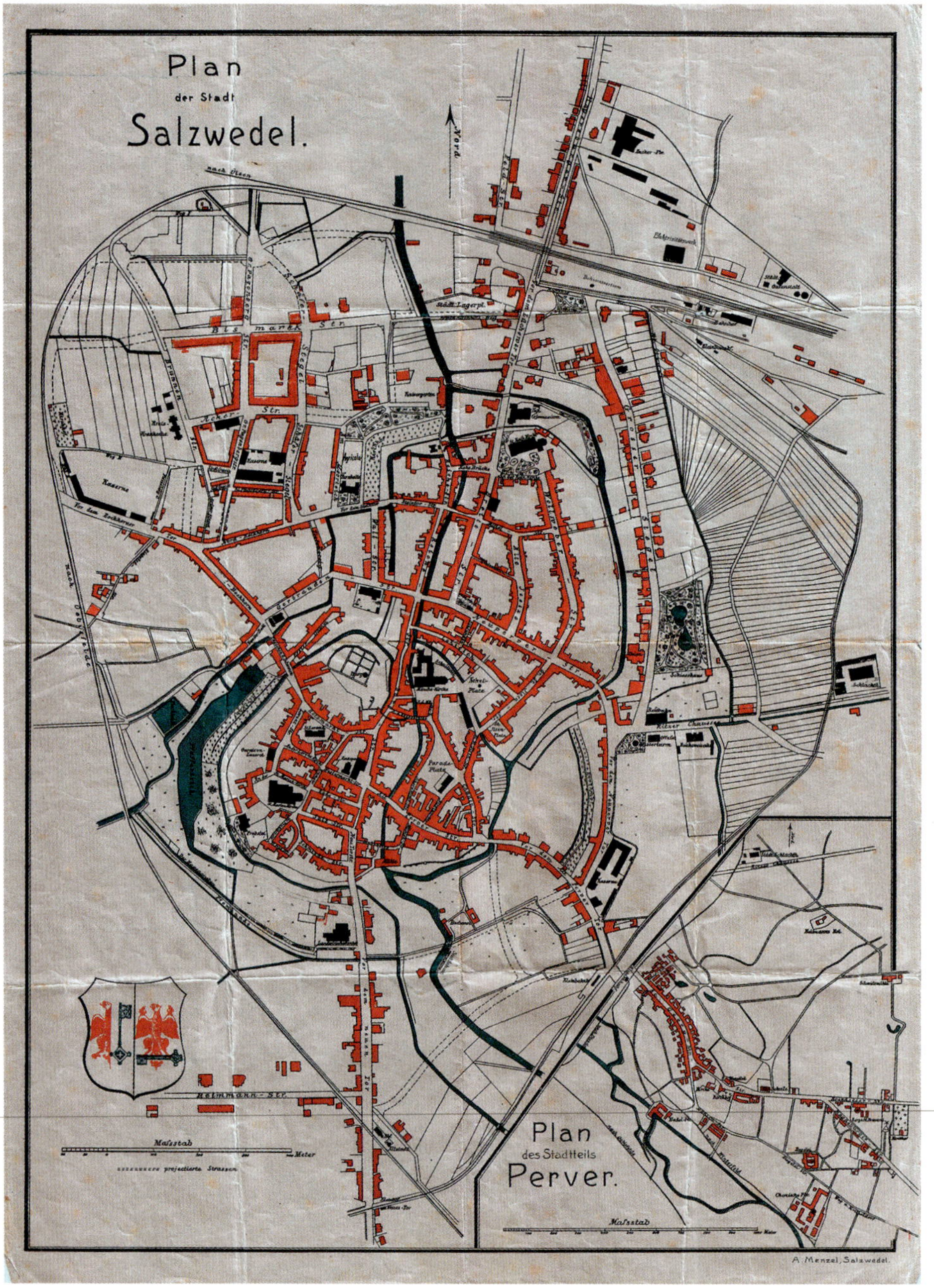

Auf diesem einfachen, um 1900 entstandenen Stadtplan von Salzwedel und dem ehemaligen Vorort Perver ist das historische Wappen der alten Hansestadt abgebildet. Bevor die Alt- und Neustadt von Salzwedel 1713 auf Befehl von Friedrich Wilhelm I. vereinigt wurden, waren es zwei getrennte Städte mit eigenen Wappen. Aus ihnen entstand das heutige Wappen, das links einen Adler mit einem Schlüssel in den Fängen und rechts einen Adler mit zwei Schlüsseln zeigt. Der Stadtplan, gedruckt von A. Menzel, ist schon farbig wiedergegeben.

1

Die Hansestadt

Werbefaltblatt aus den 1930er-Jahren zu den neuen Ansiedlungen. Der Wohnungsbau entwickelte sich ab Ende der 1920er-Jahre schnell in Salzwedel und neue Siedlungen entstanden. Rechts ist das Wappen Salzwedels zu sehen.

Perver war ein Straßendorf und Vorort von Salzwedel, der schon seit 1292 besteht und am 1. Juli 1908 aus dem Landkreis in die Stadtgemeinde Salzwedel eingemeindet wurde. Die Gründe hierfür waren die wachsende Bevölkerung und die Suche nach neuem Wohnraum außerhalb der beengten Stadt.

Links im Hintergrund ist die evangelische Saalkirche St. Georg zu sehen. Ebenfalls in Perver befand sich das Stift zum Hl. Geist vor Salzwedel, ein Stift der Augustiner-Chorherren. Lediglich der Chor der ehemaligen Klosterkirche ist erhalten geblieben. Teile der Kirchenausstattung wurden auf andere Kirchen verteilt.

Die St.-Georg-Straße war um 1910 noch kaum befahren. Auf dem Kopfsteinpflaster posieren Kinder vor den für Salzwedel typischen Häusern mit breiten Gehwegen.

Diese Karte mit Blick auf die Kirche St. Georg stammt aus der Zeit um 1912 und spiegelt das typische vorstädtische Landleben wider.

Salzwedel hat nicht nur städtebaulich viel zu bieten. Die schöne Naturlandschaft ist geprägt von vielen kleinen Fließgewässern, Bachläufen, den Flüssen Jeetze und Dumme sowie dem sumpfigen und früher moorigen Umland. Hinzu kommen zahlreiche Brücken, Stege, Parkanlagen oder auch der Pfefferteich. So ist Salzwedel mit üppigem Grün, schattigen Plätzen und vielen Bäumen gesegnet.

Zwischen der Dummebrücke, dem zweiten Damm, heute in den Dämmchenweg einbezogen, und der Hillerschen Dammmühle befand sich eine Ausbuchtung der Dumme, die Mühlenteich genannt wurde.

◄ Die Gründung einiger Salzwedeler Unternehmen wie der Zuckerfabrik, der Kleinbahnen und der Bergschloss-Brauerei sowie das Zustandekommen der Höheren Landwirtschaftsschule sind hauptsächlich Karl Meyer zu verdanken. Er hatte verschiedene Ehrenposten inne und schuf als Gilde- und Ehrengildemeister der Schützengilde den Schützenpark.

Vielen älteren Salzwedelern ist der Schulenburgpark noch als Ausflugsort mit Badeanstalt bekannt. Dieser schöne Park im Herzen der Stadt entstand in zwei Bauphasen. In der ersten Phase (Baubeginn um 1925) fasste man verschiedene Grundstücke nach Plänen des Wiesbadener Gartenarchitekten Wilhelm Hirsch zusammen. Nach dem Ankauf des Parks 1928 durch den Magistrat arrangierte die Stadt-

gärtnerei ein herrliches Rosarium und die Anlage wurde Schritt für Schritt der Öffentlichkeit zugänglich gemacht. In der zweiten Bauphase ab 1934 wurde der Park erweitert und zu einem Volkspark umgestaltet. Heute wird im Park nicht mehr gebadet, aber er wird weiterhin gern als Oase zum Spazieren und Ausruhen genutzt.

Bei dem Parkhäuschen auf dieser Postkarte könnte es sich um das 1938 erwähnte „Erfrischungshäuschen im Schulenburgpark" mit gastronomischer Betreuung handeln. Das Parkhäuschen wurde als Ausschank und Treffpunkt im Schulenburgpark genutzt. Dahinter befand sich eine betonierte Freifläche, auf der getanzt werden konnte und Musiker auftraten.

In der Nähe des Hansehofes befand sich an der Jeetze früher sogar ein Hafen mit Anlegestelle. Doch als der Bahn- und Autoverkehr zunahmen, verlor die Schifffahrt an Bedeutung und wurde auf der Jeetze bereits im 19. Jahrhundert eingestellt. ▸

Der Fluss Jeetze, der neben der Dumme durch Salzwedel fließt, war ab dem 13. Jahrhundert ein bedeutender Schifffahrts-, Transport- und Handelsweg und für kleinere Lastkähne schiffbar. Die Strecke führte von Salzwedel über Lüchow nach Hitzacker zur Elbe.

In „Klein Venedig", wie Salzwedel im Volksmund genannt wurde, führten starke Niederschläge und Schneeschmelzen oft zu Stromausfällen sowie überfluteten Kellern und Häusern. Eine große Schneeschmelze war zum Beispiel im Jahr 1881 Auslöser für ein Hochwasser.

Bei einem weiteren Hochwasser wurden weite Teile der Stadt überflutet. Anwohner der Jeetze und Dumme, die im Besitz eigener Boote waren, halfen in dieser Notlage und transportierten Menschen und Güter auf dem Wasser. Das Bild wurde vermutlich auf dem Dach des Hauptbahnhofes aufgenommen.

Dieses Bild entstand während einer Überschwemmung 1929 und zeigt den Altperver Bahnhof mit einer damals typischen Kleinbahn-Dampflokomotive.

Am 21. Oktober 1882 wurde der Verlag Salzwedeler Wochenblatt G.m.b.H von der Großen Sankt-Ilsenstraße 14 in die Neuperverstraße 10 verlegt. Ab dem 1. Januar 1883 erschien das „Salzwedeler Wochenblatt" täglich. Daneben gab es noch die „Salzwedeler Nachrichten" (1895–1912), die „Salzwedel-Gardeleger Zeitung" (1881–1935) sowie „Der Mitteldeutsche – Neue Salzwedeler Zeitung" (1932–1945).

Die Berichterstattung der Zeitung wurde dem Wandel der Zeit und den gegebenen politischen Verhältnissen angepasst. Neben dem „Wochenblatt" publizierte der Verlag auch das beliebte Einwohnerbuch von Salzwedel.

Einwohnerbuch

KREIS SALZWEDEL

(Städte Salzwedel, Calbe a. d. Milde
und die Landgemeinden des Kreises)

1931

Verzeichnis der
BEHÖRDEN
VEREINE
BRANCHEN

Druck und Verlag

Salzwedeler Wochenblatt

G. m. b. H.

Buchdruckerei : Buchbinderei : Buchhandlung
Verbreitetste Tageszeitung der nördlichen Altmark

Ein Telefonbuch, wie man es heute kennt, war früher eine Seltenheit und sehr gefragt. Die Menschen konnten im sogenannten Einwohnerbuch Namen, Adressen, Berufe und teilweise auch schon Telefonnummern nachschlagen. Die Ausgaben mit allen Einwohnern, Behörden, Vereinen, Tankstellen, Betrieben usw. waren echte Nachschlagewerke und dienten schon damals gleichzeitig als Werbefläche, wie die beiden Anzeigen belegen. Geplant war, ab der Erstausgabe 1931 alle zwei Jahre eine neue Auflage folgen zu lassen. Aufgrund von Engpässen und Nöten wirtschaftlicher und materieller Art wurden die Einwohnerbücher von Salzwedel allerdings unregelmäßig veröffentlicht. Die völlige Umgestaltung der nationalen Verhältnisse durch die Machtergreifung Hitlers im Jahr 1933 erschwerte die regelmäßige Auflage des in der Bevölkerung sehr beliebten Einwohnerbuches zusätzlich.

Die Freimaurerei wird auch die „Königliche Kunst“ genannt. Hinter diesem Begriff verbirgt sich ein ethischer Bund freier Menschen, die ihr Leben nach den Grundidealen der Freimaurerei ausrichten wollen: Freiheit, Gleichheit, Brüderlichkeit, Toleranz und Humanität. Die Freimaurerloge in Salzwedel wurde entgegen den Bedenken der Landesloge am 15. August 1782 gegründet. Grund für die Vorbehalte war, dass die Mehrzahl der Gründungsmitglieder Angehörige des Kürassier-Regiments (Kavallerie) waren und man bei auswärtigen Einsätzen des Regiments das baldige Ende der jungen Loge befürchtete. Die sieben Salzwedeler Gründer nannten die Loge zunächst „Zu den 7 verbundenen Säulen“, später wurde der Name in „Zur goldenen Harfe“ geändert. Bereits 1788 stellte man die Arbeit der Loge „bis auf Weiteres“ ein.

In den Jahren 1801 und 1802 wurde unter einer neuen Mutterloge die Salzwedeler Freimaurerloge „Zum Wohle der Menschheit“ gegründet, berichtet Stadtarchivar Steffen Langusch. Die hohen Beiträge und das zunächst schnelle Wachsen der Mitgliederzahl schufen günstige Ausgangsbedingungen. So konnte bereits beim ersten Stiftungsfest am 3. Juni 1803 bekanntgegeben werden, dass die Sammlungen für Arme insgesamt 123 Taler eingebracht hatten. Ein Problem war in den Anfangsjahren der häufige Wechsel der Versammlungsräume. Die Loge hatte noch kein eigenes Haus, sondern musste Räume mieten, zuletzt 1847 im Hotel von Höpker und Sedlmayr („Deutscher Hof“, später Haus der Werktätigen). Von dort erfolgte 1894 der Umzug in das eigene Gebäude in der Neuperverstraße 67.

Zur Feier des hundertjährigen Bestehens der Loge am 3. Juni 1902 erarbeitete Ernst Otto Wentz eine Festschrift, die umfangreiche Angaben zur älteren Geschichte enthält. Wentz war ab 1892 Mitglied der Salzwedeler Loge und ab 1928 der letzte „Meister vom Stuhl“. Die NSDAP löste die Salzwedeler Loge nach der Machtergreifung gewaltsam auf. Das Gebäude wurde abgerissen und ist nicht mehr erhalten.

Blick in die Neuperverstraße. Rechts ist das Gebäude der Salzwedeler Loge zu sehen.

Das Notgeld war eine Erfindung für Krisenzeiten. Man setzte mehr Vertrauen in das Zahlungsmittel als in eine offizielle Währung. Doch oftmals verlor es die Gültigkeit nach kurzer Zeit oder wenigen Monaten wieder. Auch in Salzwedel gab es Notscheine aller Art, wie zum Beispiel Gefangenengutscheine, Lagergeldscheine oder Warengutscheine, die als Zahlungsmittel genutzt wurden.

Im Tausch gegen die Scheine hatte man Anspruch auf Waren wie Brot, Holz, Zucker usw. Nach dem verlorenen Ersten Weltkrieg kam es zu einer generellen Bargeldhortung in der Bevölkerung, sodass die Regierung Großindustrie, Städte und Gemeinden aufforderte, dem Mangel durch Notgeldscheine und Notmünzen Abhilfe zu schaffen. Insgesamt beteiligten sich mehr als 580 Banken, Sparkassen, Städte, Gemeinden und Kreise und entwickelten eigene Serienscheine.

Die große Anzahl von variantenreich gestalteten Geldscheinen mit viel Lokalkolorit erweckte bald auch das Interesse von Sammlern, was dazu führte, dass viele Notgeldscheine nicht mehr für den Umlauf, sondern eigens für die Sammler gedruckt und ausgegeben wurden.

Salzwedel war früher Militärstadt. Die Geschichte kann man nicht leugnen und leider nicht umkehren. Die Rekrutenkompanie Luftwaffe 10./Flieger Ausb. Regiment 42 Stade/Salzwedel 10 existierte gerade einmal drei Jahre zur Zeit des „Dritten Reiches". Das Regiment wurde im April 1939 in Stade aufgestellt, im November 1941 in Flieger-Regiment 42 umbenannt und im selben Jahr nach Salzwedel verlegt. Bereits im Dezember 1942 löste man es wieder auf. Das Gelände des Fliegerhorstes am Fuchsberg ist heute ein Lost Place und verfällt zusehends.

Trotz der beiden Weltkriege und der damit verbundenen Einberufung vorwiegend männlicher Bürger stieg die Einwohnerzahl von 1910 bis 1940 von ca. 12.000 auf fast 19.000 Einwohner. Deshalb entstanden um den Stadtkern neue Wohngebiete, wie hier in der Ritzerstraße (heute Schillerstraße), die Siedlungen An der Ritzer Brücke oder An den Siebeneichen. Auch westlich der Stadt wurden neue Häuser gebaut.

Auf dieser alten Ansichtskarte sind die Höhere Mädchenschule, das Königliche Gymnasium, der Paradeplatz und der Große Stegel zu sehen.

Die Neun-Bild-Karte zeigt die für Besucher angesagtesten Salzwedeler Sehenswürdigkeiten.

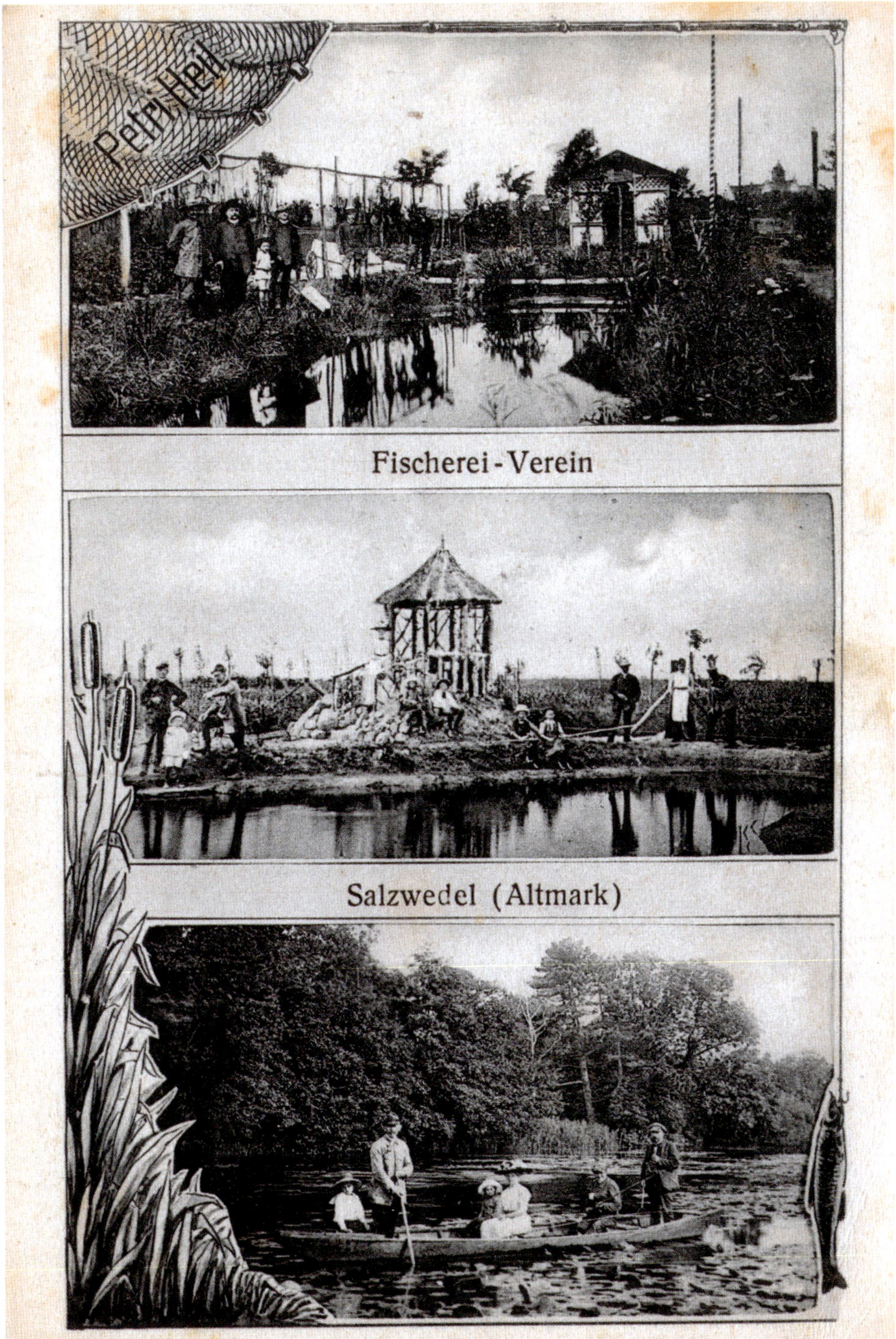

Als die Jeetze noch schiffbar war; der Fischereiverein präsentiert sich und sagt „Petri Heil“.
Auch im Pfefferteich wurde damals geangelt.

Diese Ansichtskarte mit dem Krankenhaus, der Breiten Straße, dem „Burg-Café" an der Mönchskirche und der Gertraudenkapelle stammt aus der Zeit um 1915.

Eine schöne Mehrbildkarte aus den 1920er-Jahren mit verschiedenen Motiven wie dem Ulanen-Denkmal, der Marienkirche, dem Steintor oder der Badeanstalt Pfefferteich.

2

Historische Bauwerke

Um das Jahr 1000 entstand die Burg Salzwedel. Sie war während der kriegerischen Auseinandersetzungen zwischen Deutschen und Wenden der starke Stützpunkt der Markgrafen der Nordmark. Unter Albrecht dem Bären kam sie in askanischen Besitz. Als dieser seinen Sitz jedoch nach Brandenburg verlegte, verlor die Niederungsburg an Bedeutung. Die ursprünglich ringförmige Anlage mit einem Gesamtdurchmesser von etwa 220 Metern war durch Wassergräben und Mauern geschützt. Neben Resten der Wehrmauer, des Burggrabens und der St.-Annen-Kapelle ist auch der runde Bergfried mit einem Hocheingang in zwölf Metern Höhe und einer 3,60 Meter starken Mauer am Fuß des Turms erhalten. Der Turm hatte früher ein Spitzdach. 1923 wurde auf dem Gelände der Burganlage eine Ehrenhalle errichtet, um der Gefallenen des Ersten Weltkrieges zu gedenken. Der Burggarten wurde oft von Regierenden für Versammlungen, Feste und Aufmärsche genutzt.

Das Stadtbild von Salzwedel wird von der Eigenart seiner Fachwerkhäuser geprägt. Nahe der Neuperverstraße steht seit 1534 das älteste Bürgerhaus der Neustadt. Hier befand sich früher die Brennerei von Ernst Heilmann. Große Giebelhäuser wie dieses wurden oft mit herrlicher Volkskunst verziert.

Markgraf Johann V. verlieh der Stadt Salzwedel 1314 das Münzrecht. Leider mussten dafür Zollrechte abgegeben werden. Im Zuge des Bierstreits verlor die Stadt im Jahr 1488 das Münzrecht. Die Alte Münze, das historische Gebäude im Stil der Backsteingotik am linken Bildrand, entstand im 14. Jahrhundert und wird heute von der Industrie- und Handelskammer genutzt. Einige Münzen aus dieser Zeit sind heute noch im Johann-Friedrich-Danneil-Museum in der Propstei zu besichtigen. ▼

Da Salzwedel zwischen 1247 und 1713 aus zwei unabhängigen Städten, der Altstadt und der Neustadt, bestand, baute man im 16. Jahrhundert zwei Rathäuser. Das Altstädter Rathaus wurde 1509 auf den Fundamenten eines Vorgängerbaus errichtet und bis 1713 genutzt. Diese Ansichtskarte stammt aus dem Jahr 1899.

Ab 1855 diente das Hauptgebäude dann als Justiz- und Gerichtssitz und auch heute ist hier das Amtsgericht untergebracht. Auffallend sind die besonders markanten Schmuckgiebel.

Das Neustädter Rathaus wurde zusammen mit dem Rathausturm, der noch erhalten ist, um 1585 erbaut.

Als das Neustädter Rathaus baufällig wurde, verlegte der Magistrat seinen Sitz in das Gewandschneider-Gildehaus, das von 1608 bis 1619 als Neustädter Kaufhaus errichtet worden war. Nach der Zusammenlegung von Altstadt und Neustadt 1713 diente das Gebäude als gemeinsames Rathaus.

In der Nacht vom 6. auf den 7. März 1895 kam es zu einem verheerenden Unglück, bei dem das Rathaus komplett niederbrannte. Zu sehen ist hier die Feuerwehr der Stadt nach den Löscharbeiten. An den Überresten des Gebäudes ist noch die Inschrift der Sparkasse zu erkennen, die sich ebenfalls hier befand.

Zurück blieben nur Trümmer. Bei dem Brand gingen viele wichtige Dokumente verloren.

Das Gebäude, in dem sich auch heute noch der „Schwarze Adler“ befindet, war Teil des Neustädter Rathauses. Diese Aufnahme stammt aus der Zeit um 1920.

Mitte des 13. Jahrhunderts gründeten Franziskanermönche am Rande der Altstadt ein Kloster und betrieben es bis 1552. Ende des 19. Jahrhunderts wurde hier das Rathaus untergebracht, das sich auch heute noch dort befindet.

Sparkassen hatten früher den Zweck, dass Bürger dort Geld anlegen und ansparen konnten und dafür Zinsen erhielten. Die Institute für die breite Bevölkerung entstanden bereits im 18. Jahrhundert und haben eine lange Tradition. Das Bild zeigt den Sitz der Sparkasse an der heutigen Wallstraße. Die Geschäftsstelle besteht hier seit über 80 Jahren.

Der Bürgermeisterhof, das 1543 erbaute Fachwerkensemble in der Innenstadt, steht unter Denkmalschutz und gehört zu den ältesten Gebäuden der Hansestadt. Wie der Name bereits vermuten lässt, wohnten hier mehrere Salzwedeler Bürgermeister.

Der Bürgermeisterhof fristete viele Jahre ein tristes Dasein. Er stand lange leer und es wurde nicht in Renovierungsarbeiten investiert. Seit 2019 wird er jedoch von einem Verein wieder mit Leben gefüllt und schrittweise saniert.

1474 ließ Propst Verdemann ein Propsteigebäude in Salzwedel erbauen. 1545 übernahm Kurfürst Joachim die Propstei und stellte sie unter weltliche Verwaltung. Im Jahr 1565 wies der Kurfürst die Propstei zu gleichen Teilen dem Dompropst zu Havelberg Levin II. von der Schulenburg und seinem Vetter, dem Landeshauptmann der Altmark Levin I. von der Schulenburg, als Lehen zu. Nach dem Ableben des Landeshauptmannes erhielt dessen Sohn Albrecht IV. von der Schulenburg das väterliche Lehen und damit die Hälfte der Propstei Salzwedel. Nach einer späteren Übereinkunft trat Dompropst Levin II. die Rechte für seine Hälfte gegen eine Geldentschädigung an Albrecht IV. ab. Dieser ließ das Propsteigebäude 1578 umbauen und einen Herrensitz errichten. Im Zuge dessen entstand das hier abgebildete Hauptgebäude, das noch heute zu besichtigen ist. Lediglich der mächtige runde Treppenturm wurde 1754 als dreigeschossiger Fachwerk-Renaissancebau ergänzt und der obere Aufbau 1882 erneuert.

Bis 1920 befand sich das Landratsamt im Propsteigebäude, 1928 ging es in das Eigentum der Stadt Salzwedel über. Seit 1932 ist in dem denkmalgeschützten Gebäude das Johann-Friedrich-Danneil-Museum untergebracht.

Der Karlsturm wurde 1459 erbaut und schützte als Vortor die Tore der Stadt, die durch Posten und Außenwerke gesichert waren. Zahlreiche Häuser wurden im Mittelalter einfach wahllos im Mauerring gebaut, sodass Salzwedels Häuser einen besonderen Charakter besitzen.

Vom Lüchower Tor stehen nur noch zwei Säulen. Bereits 1892 sind die beiden mittleren Säulen dem ständig wachsenden Verkehr zum Opfer gefallen und wurden nicht wieder aufgebaut.

Das zwischen 1460 und 1470 errichtete Neuperver Tor ist eines der beiden noch erhaltenen, im Stil der Norddeutschen Backsteingotik erbauten Stadttore. Es führt in die ab 1247 erbaute Neustadt und war einst, wie im ausgehenden Mittelalter üblich, als Doppeltoranlage ausgeführt. Erhalten geblieben ist hiervon das innere Tor.

Vor dem Neuperver Tor steht der 1903 errichtete Wasserturm, hier noch im Bau. Aufgrund des späten Baujahres besitzt er keine vergleichbare historische Bedeutung

Der Turm wurde wie auch das Neuperver Tor im gotischen Stil erbaut. Er diente der öffentlichen Trinkwasserversorgung.

Steintor
Salzwedel

Eines der ältesten Gebäude Salzwedels wurde 1460 am Bockhorner Tor errichtet. Die Gertraudenkapelle, ein kleiner Kirchenbau im Stil der Backsteingotik mit dreiseitigem Chorschluss, diente vorwiegend der Beherbergung und Pflege von Pilgern und Wanderern und wurde auch als Hospital genutzt.

Eines der meistfotografierten Objekte unserer schönen Stadt ist das im Stil der Spätgotik erbaute Steintor hinter dem Fluss Dumme. Es wurde zwischen 1530 und 1546 errichtet und sitzt bis heute fest im bestehenden Mauerring der alten Stadtmauer. Ursprünglich lag vor den Toren eine Zugbrücke über dem Graben, der die Stadt vor Eindringlingen und Störenfrieden schützen sollte. Neben dem Steintor steht ein Festungsturm. Dieser wurde als Gefängnis genutzt und „Rosengarten" genannt. 1985 gründete sich in Salzwedel eine Avantgarde-Punkband „Rosengarten" und machte sich in der Musikszene des Ostens einen Namen.

Alte Häuser bei der Marienkirche.

Über den Bau der Marienkirche (vorher Kirche Unserer lieben Frauen) gibt es keine Unterlagen mehr, sie wurde Anfang des 13. Jahrhunderts errichtet und stetig erweitert. Unter dem vom Vorgängerbau erhaltenen 3,3 Meter hohen runden Granitunterbau des 80,3 Meter hohen Turmes vermutet man Reste der ersten Burganlage Salzwedels. Die Kirche birgt viele sehenswerte Schätze. Um 1510 entstand der reich vergoldete Schnitzaltar, der in 31 Feldern den Lebensweg Jesu zeigt. Auch der Triumphbogen aus dem 13. Jahrhundert und der mit gotischen Flachornamenten versehene Markgrafenstuhl, der 1350 gebaut wurde, sind zu erwähnen. Hinzu kommen der dreisitzige Propststuhl mit reich geschmücktem gotischen Baldachinaufbau von 1470, das bemerkenswerte hölzerne romanische Lesepult des Hochaltars aus der Zeit um 1250 oder das Chorgestühl mit reichhaltigem Schnitzwerk. 1520 goss der Meister Hans von Cöln zu Nürnberg das bronzene Taufbecken. Das Gitter wurde um 1522 fertiggestellt. Die Kanzel stammt aus dem Jahr 1671 und 1752 stellte man die Orgel auf. In einer Seitenkapelle an der Nordseite werden die im Ersten Weltkrieg gefallenen Gemeindemitglieder geehrt.

Salzwedel
Partie an der Schmiede-Straße
mit Marienkirche

Die Bevölkerung nutzte den Hof der Katharinenkirche gern als Ruhepol, bei hohen Temperaturen im Sommer spendeten die Bäume Schatten.

Unter der Wahrung der gotischen Bauweise und romanischer Kunstformen erbaute man die Katharinenkirche im Jahr 1280 als Pfarrkirche der Neustadt. Anfang des 14. Jahrhunderts wurde das Gotteshaus erweitert. An der Ostseite wurde ein Chor hinzugefügt, der höher war als das Kirchenschiff. Um 1450 wurde die gesamte Kirche auf diese Höhe erweitert. Zusätzlich erhielt sie ein Gewölbe. 1467 wurde die Fronleichnamskapelle fertiggestellt. An der Südseite wurde eine zweigeschossige Sakristei angebaut; der Turmhelm des 76 Meter hohen Turms wurde erneuert. Damit hatte die Kirche annähernd die heutige Form erreicht. Das aus Bronze bestehende Taufbecken wurde 1421 von Meister Ludorf aus Braunschweig gegossen. Hans Laruth schuf 1592 die hölzerne Kanzel. Sehr sehenswert sind die bunten, alten Glasfenster des Chores, die links eine Darstellung aus der Passionszeit, in der Mitte die Schöpfungsgeschichte sowie rechts die Himmelfahrt zeigen.

Blick in die Breite Straße. Das imposante Gebäude rechts steht schon seit 1683, bis 2017 befand sich hier eine Postfiliale. Im Kaiserreich, als die Aufnahme entstand, entwickelte sich eine verlässliche Zustellung von Postsendungen. Tägliche Zustellzeiten ab 7 Uhr und sogar sonntags waren die Regel. Die Ortszustellungen erfolgten von 7.30 Uhr bis 11 Uhr und um 16.15 Uhr, Pakete wurden ab 8 Uhr und 15 Uhr zugestellt. Dies galt auch für die Orte im Zustellbezirk Salzwedel. Zusätzlich gab es eine Kraftpostlinie nach Bergen/Dumme.

◄ Auf dem Platz vor der Katharinenkirche stehen die Lutherbuche von 1883, die Friedenseiche von 1871 und zwei alte Linden, die 1761 gepflanzt wurden. Außerdem ließ die Stadt dort das Friedrich-Gartz-Denkmal errichten.

Der Bahnhof Salzwedel wurde 1870 im Zuge des Baus der Bahnstrecke Stendal–Uelzen durch die Magdeburg-Halberstädter Eisenbahngesellschaft errichtet. Er stellte einen wichtigen Reiseknotenpunkt dar, verlor aber nach dem Zweiten Weltkrieg an Bedeutung. Vom Bahnhof führten Eisenbahnstrecken in sieben verschiedene Richtungen, auch die sogenannte Amerikalinie von Berlin nach Bremen/Bremerhaven verlief über Salzwedel. Diese war bedeutend für den Warentransport und die industrielle Entwicklung der Region. Der Bahnhof wurde im Zweiten Weltkrieg, am 22. Februar 1945, während eines Luftangriffs stark beschädigt. Die Stadt blieb glücklicherweise fast unversehrt. Am selben Tag bombardierten U.S.-Flieger auch die Bahnhöfe in Stendal, Tangermünde, Wittenberge, Uelzen, Oebisfelde, Gardelegen und Rathenow. Das anschließende Chaos war groß.

Der Bahnhof Salzwedel lag in Trümmern, Lokomotiven waren umgestürzt und Waggons mit Sprengstoff explodierten noch nach Stunden. Fast 290 Menschen, unter ihnen viele Schüler und Schülerinnen, die mit den Mittagszügen nach Hause fahren wollten, kamen bei dem Angriff ums Leben. ▸

Das Bild zeigt eindrucksvoll die Schönheit des Bahnhofgebäudes, vor dem zuweilen das Parken verboten war.

1886 erfolgte der erste Spatenstich für das Kreiskrankenhaus, das am 1. Oktober 1888 fertiggestellt und eröffnet wurde.

Ganze 40 Betten auf zwei Etagen standen zu Beginn zur Verfügung. Häufig betreuten zwei Schwestern jedoch deutlich mehr Patienten, weil Kranke zusätzlich auf Decken auf dem Boden untergebracht wurden. Dieses Bild zeigt das Krankenhaus noch in der Bauphase.

Für Patienten und Schwestern gab es strenge Vorschriften zu beachten. Eine Regel besagte zum Beispiel, dass ein Regenschirm, genau 18 Taschentücher und eine Bibel bei Eintritt in das Kreiskrankenhaus mitzuführen waren. Der hier abgebildete Hofgarten lud zur Entspannung ein.

Feuerwehren haben schon immer eine große Bedeutung. Neben der wichtigsten Aufgabe, der Brandbekämpfung, half man ebenso bei Katastrophen, Unfällen und sonstigen Ereignissen. Zudem sollte das Gemeinschaftswesen gefördert werden. Der Neubau der Feuerwache in der Sankt-Ilsenstraße erfolgte 1898, gleichzeitig wurde neben dem Depot auch ein Turm gesetzt.

3

Denkmäler und Persönlichkeiten

Im Jahr 1901 wurde auf dem damaligen Schulplatz das Kaiser- und Kriegerdenkmal eingeweiht, das den Gefallenen der Kriege von 1864, 1866 und 1870/71 sowie Kaiser Wilhelm I. und Friedrich III. gewidmet war. Neben dem Denkmal befanden sich auch die um 1851 entstandene Volksschule und die Mönchskirche am Platz. Die Kirche des Franziskanerklosters ist eine der ältesten der Stadt und wurde um 1280 erbaut.

Ausmarsch der Ulanen in der Neuperverstraße um 1914.

Nach dem Ersten Weltkrieg wurde 1921 ein Denkmal für die Gefallenen des Ulanen-Regiments vor dem Rathaus errichtet. Nach 1945 wurde es zerlegt und die einzelnen Blöcke wurden auf dem Friedhof Perver abgelegt.

◂ Die Geschichte des Ulanen-Regiments „Hennigs von Treffenfeld" begann bereits um 1866. Es gehörte zur Preußischen Armee Nr. 16 (Altmärkisches).

Das Ulanen-Regiment „Hennigs von Treffenfeld“ war bis zu seiner Auflösung 1919 in Salzwedel und Gardelegen stationiert. Hier ist es auf dem Weg zum Bahnhof zu sehen.

In der Bevölkerung genoss das Regiment ein hohes Ansehen, die Auf- und Ausmärsche waren ein Publikumsschauspiel sondergleichen. Die Ulanen des 16. Regiments veranstalteten regelmäßig ihre Truppenparaden.

Der Bismarckturm ist ein 25 Meter hoher Aussichtsturm auf dem Schwarzen Berg, ca. vier Kilometer von Salzwedel in Richtung Warthe/Kuhfelde entfernt. Am Sonntag, dem 1. April 1900, nahmen mehrere Tausend Bürger aus dem Kreis Salzwedel und der Altmark an der Einweihung des Turms teil. Nach seiner Ansprache und drei Kanonenschüssen übergab der Komiteevorsitzende Ernst Lohse den Bismarckturm an den Landrat des Kreises, Major a.D. Werner von der Schulenburg. Dieser hielt daraufhin eine markige Festrede. Anschließend überreichte man ihm einen vergoldeten Turmschlüssel, gefertigt von dem Goldarbeiter Schramm aus Salzwedel. Am Abend wurde ein Feuer auf dem Turm entzündet. An diesem Tag bestiegen fast 900 Besucher den Turm. Der Salzwedeler Bismarckturm ist einer von rund 180 deutschlandweit erbauten Denkmälern. In der Altmark ist er der Einzige.

Zur Erinnerung
an die Einweihung des
Hindenburg-Gedenksteins
im Schützenpark zu Salzwedel
am 24. Oktober 1915.

Generalfeldmarschall Hindenburg oder genauer: Paul Ludwig Hans Anton von Beneckendorff und von Hindenburg war von 1916 bis 1918 Chef der Obersten Heeresleitung im Ersten Weltkrieg.

◂ Die Einweihung des Hindenburg-Denkmals 1915. Zu Ehren Hindenburgs errichtete man im Schützenpark, dem heutigen Goethepark, ein Denkmal, das jedoch nach 1945 als verschwunden gemeldet wurde.

Jenny Marx wurde am 12. Februar 1814 als Tochter des damaligen Landrates Johann Ludwig von Westphalen in Salzwedel geboren. Sie lebte jedoch nur zwei Jahre hier. Aus der Ehe mit Karl Marx, dem Begründer der Wissenschaft des Sozialismus, gingen sieben Kinder hervor. Ihr Geburtshaus befindet sich in der früheren Lorenzstraße, die später ihr zu Ehren in Jenny-Marx-Straße umbenannt wurde.

Jenny Marx, geborene von Westphalen.
Geboren am 12. Februar 1814
gestorben am 2. Dezember 1881.

Sie liegt gemeinsam mit ihrem über alles geliebten Karl im Norden Londons auf dem Friedhof Highgate begraben. Auf der einfachen weißen Marmortafel stehen die ebenso einfachen Worte:

Jenny von Westphalen

die geliebte Frau von

Karl Marx

Alljährlich pilgern aus allen Ländern der Welt zahllose Menschen zu dieser Grabstätte, um der großen Toten, die darin ihre letzte Ruhe gefunden haben, ehrend zu gedenken.

4

Handwerk und Handel

Der Beruf des Bäckers bildete sich bereits im Jahre 750 in Deutschland heraus, damals mussten Leibeigene und Klosterknechte an den Öfen schuften. Meistens wurde in Backhäusern der Stadt gebacken, weil kaum jemand einen eigenen Ofen besaß. Der Beruf des Bäckers war früher hoch angesehen. Das zeigt sich unter anderem daran, dass die Geldstrafe für die Tötung eines Bäckers im Mittelalter dreimal höher ausfiel als üblich. Hier ist die Bäckerei von Fritz Krüger in der Westermarkstraße 15 im Jahr 1908 zu sehen.

Die Bäckerei Heinrich Nagel in der Reichestraße 49 um 1910.

Das Bild zeigt den Bäcker Fritz Thielbeer mit seiner Belegschaft. Es entstand um 1915 in der Großen Sankt-Ilsenstraße 28.

In der Reimannstraße 5 am Altstädter Bahnhof hatte Max Schulz um 1925 sein Geschäft. In den 1930er-Jahren gab es ungefähr 40 Bäckerbetriebe in der Stadt, die die Bevölkerung versorgten.

Am 1. April 1897 schlossen sich die Brauereien Freydank und Meyer zur Bergschloss-Brauerei zusammen.

Den Unterlagen des Stadtarchives ist zu entnehmen, dass es bereits im 13. Jahrhundert Brauereien in der Jeetzestadt gab. Meist waren es kleine Hausbrauereien, die zunächst für den eigenen Bedarf produzierten. Doch mit der Zeit wurde das altmärkische Bier über die Stadtgrenzen hinaus begehrt. So ließen sich mit dem Soltmann-Bier als begehrtes Handelsgut gute Umsätze erzielen. Dies erzeugte wiederum bei dem stets klammen Markgrafen von Brandenburg, Johann Cicero, zu dessen Machtbereich auch die Altmark gehörte, Begehrlichkeiten. Und so führte er 1488 die Bierziese ein, die erste indirekte Verbrauchssteuer. Für den Zeitraum von sieben Jahren sollten auf jede in der Mark gebraute Tonne Gerstensaft zwölf Pfennig abgeführt werden, davon vier für die Stadt und acht für den Kurfürsten. Da eine Tonne Bier zu dieser Zeit rund vier Schilling, was 48 Pfennig entsprach, kostete, musste ein Viertel des Ertrages als Steuer abgeführt werden. Das führte zum Widerstand der altmärkischen Städte, da sie darin eine Beschneidung ihrer Privilegien sahen. Daraufhin kam es zu Auseinandersetzungen, die als Bierkrieg in die Annalen der Geschichte eingingen. Die Aufstände wurden durch die Soldaten des Kurfürsten niedergeschlagen und die Rädelsführer bestraft. So auch in Salzwedel, wo man zwei der Aufrührer enthauptete. Harte Auflagen begrenzten von nun an die städtische Freiheit und Salzwedel verlor unter anderem sein Münzrecht. Doch ihrem Bier blieben die Altmärker treu. 1719 gab es in der Stadt 108 Braustellen und 36 Branntweinbrennereien, sogenannte Blasen. Im 19. Jahrhundert entstanden in Salzwedel große Brauereibetriebe mit Niederlagen in anderen Städten. Hierzu gehörte etwa die 1865 begründete Brauerei Hermann Freydank.

Im Gegensatz zu den Baumkuchenbäckereien konnte sich die Bergschloss-Brauerei nach der Reprivatisierung 1990 nicht behaupten. So versiegte ihr Bierhahn 1997 nach 100 Jahren und das Gebäude wurde abgerissen.

Eine der bekanntesten Brauereien in Salzwedel befand sich an der Burgstraße, direkt am Gericht. Thormanns Bier hatte es in sich, der Name versprach Obergäriges mit Power.

Aufgrund der zunehmenden Motorisierung und des Baus von Kraftfahrzeugen entstanden ab 1900 auch Verkaufsstellen für Treibstoffe. Die erste Tankstelle in Salzwedel nahm 1925 ihren Betrieb auf.

Die Marken der Treibstoffe waren bereits Mitte der 1920er-Jahre vielfältig. Es wurden Kraftstoffe von Leuna, Olex, Rhenania, Dapolin, Benzol, Shell und der Kohle AG angeboten.

Zwischen 1926 und 1945 gab es ungefähr 30 Tankstellen im Ort, allein im Südbockhorn hatte man die Wahl zwischen drei verschiedenen Zapfstationen. Das Benzin wurde damals in beliebigen Behältern abgefüllt.

Fritz Immermann war als Geschäftsmann seiner Zeit voraus, neben den Kolonialwaren und der Shell-Tanksäule bot er eine Garage, Gastwirtschaft und eine Übernachtungsmöglichkeit an.

In seiner Central Drogerie verkaufte Otto Grünert nicht nur Farben, Lacke oder Pinsel. Ein Lastenaufzug für schwere Güter zum Einlagern auf dem Dach erleichterte die Arbeit um ein Vielfaches.

Auf diesem 1912 entstandenen Foto ist das Manufaktur- und Kolonialwarengeschäft von Otto Brüder in der Chüdenstraße zu sehen.

Das Panorama von Salzwedel auf einer Ansichtskarte aus dem Verlag H. Weyhe.

Die Buchhandlung „Weyhe“ wurde 1840 von Helga Weyhes Großvater gegründet und befand sich seither in der Altperverstraße. Helga Weyhe wurde im Dezember 1922 in Salzwedel geboren und war Ehrenbürgerin der Stadt. Nach verschiedenen Stationen ihres Lebens, die sie unter anderem in Breslau und Wien verbrachte, begann sie ihre Arbeit in der Buchhandlung ihres Vaters und Großvaters. 1965 übernahm sie das Geschäft, das früher eine Buch-, Kunst-, Papier-, Musik- und Instrumenten-Handlung war. 2017 erhielt sie den Sonderpreis des Deutschen Buchhandlungspreises für herausragende und langjährige Verdienste um den deutschen Buchhandel.

Deutschlands älteste Buchhändlerin verstarb im Januar 2021 im Alter von 98 Jahren. Heute steht das Gebäude der traditionsreichen Buchhandlung zum Verkauf. Doch Helga Weyhes Wirken und ihr Familienbetrieb sind Teil der Stadtgeschichte.

Das Bild zeigt die Buchbinderei von Rudolf Voigt in der Burgstraße.

Der Schneider Albert Heberle bot in der Reichestraße 40 seine Dienste an. Hier ist er mit seiner Familie um 1900 zu sehen.

Das 1872 gegründete Modehaus Ramelow war das erste Haus am Platz, wo sich die Frau und der Herr von Welt einkleiden konnten.

In der Kleinen Sankt-Ilsenstraße 1 befand sich das Geschäft von Glaser Gustav Müller.

5

Landwirtschaft und Industrie

„Die Soltwedeler hebben dat got“, heißt es in einem alten Merkspruch, der die Eigenart der altmärkischen Städte zum Ausdruck bringt:

De Stendaler drinken gern win,
De Gardelegner wullen Junker sin,
De Soltwedeler hebben dat got,
De Tangermünder hebben den mot,
De Seehuser dat sin ebenthürn,
De Werbener geben den weiten dür,
De Osterborger wulten sich räken,
An bäden den bullen för den bären stäken.

Die Lage Salzwedels im Mittelpunkt eines weiten landwirtschaftlichen Gebietes, das sich an einem natürlichen Austauschplatz befindet, hat das wirtschaftliche Leben immer gesund gehalten. So konnten auch schwere Krisen immer schnell überwunden werden.

Dieses Bild eines Bauern mit seiner Familie und einem Viehwagen entstand um 1925 in der Braunschweiger Straße.

Die ländlichen Genossenschaften im Kreis Salzwedel

Das altmärkische Land mit seinen zahlreichen Bauerndörfern wies, solange das neuzeitliche Genossenschaftswesen besteht, immer Vorbilder einer echten Arbeitsgemeinschaft der hier ansässigen Bevölkerungskreise auf. Diese Zusammenarbeit vor in den Bauernhöfen wie in den Handwerker- und Gewerbebetrieben zum Ausdruck allem auch im Wirtschaftsleben hat einen gewissen Wohlstand begründet, der ebenso kommt.

Hauptsächlich der Kreis Salzwedel zeigt im Verhältnis zur übrigen Genossenschaftsorganisation in der Provinz Sachsen und im Reich genossenschaftliche Höchstleistungen. Mit 116 Kredit-, Waren- und Betriebsgenossenschaften nimmt er die zweite Stelle aller im Provinzial-Verband zusammengefaßten Kreisverbände ein; die 46 im Kreis Salzwedel arbeitenden Spar- und Darlehnskassen und Waren-

Das Bauerntum bildete die Grundlage für die Ernährung des Reiches, daher hatte die Landbevölkerung immer für die Nahrungssicherheit zu sorgen. Der Kreis Salzwedel zeigte in Bezug auf die Produktion von landwirtschaftlichen Erzeugnissen immer Höchstleistungen und war Spitzenreiter im Reich. Mit 116 Kredit-, Waren- und Betriebsgenossenschaften war er an zweiter Stelle aller in dem Provinzial-Verband zusammengefassten Kreisverbände. Es gab hier im Jahr 1937 mit 33 Betrieben die meisten Molkerei- und Milchlieferungsgenossenschaften in Deutschland. In Beetzendorf befand sich in den 1930er-Jahren das größte Kornhaus Deutschlands und die größte deutsche Eierverwertungsgesellschaft. 1937 erzielten die Kreditgenossenschaften einen Umsatz von mehr als 160 Millionen Reichsmark. Es wurden Waren von über 20 Millionen Reichsmark umgesetzt, so unter anderem 62 Millionen Liter Vollmilch und 2,5 Millionen Kilogramm Butter. Die Altmärkische Eierverwertung Salzwedel überschritt eine jährliche Absatzmenge von 20 Millionen Eiern weit. Die Altmärkische Viehverwertungsgenossenschaft in Beetzendorf lieferte rund 6.000 Schweine, während die Getreideerfassung die 500.000 Zentner Grenze erreichte. Zudem standen unter anderem 20 Saatgutreinigungs- und Beizanlagen sowie 26 Kartoffeldämpfkolonnen zur Verfügung. Die älteste Eierverwertungsgenossenschaft Deutschlands wurde in Ellenberg im Jahr 1907 gegründet.

Für die damalige Zeit wurden außergewöhnliche Leistungen in der Agrarwirtschaft erbracht. Die Technisierung und Motorisierung der Landwirtschaft im Kreis Salzwedel schritt weiter voran und es wurden zahlreiche Neu- und Umbauten von Lagerhäusern, Viehhallen, Verarbeitungsbetrieben, Maschinenschuppen und anderen Geschäftsräumen durchgeführt.

Altmärkische Eierverwertung
eingetragene Genossenschaft mit beschränkter Haftpflicht
zu Salzwedel
Jahreserfassung 24 Millionen Eier

Eierverwertungsgenossenschaft Dülseberg
zu Höddelsen
e. G. m. b. H.
Gegründet 1912 Fernruf: Diesdorf 80 Gegründet 1912

Eierverwertungsgenossenschaft Ellenberg
Gegründet 1907 e. G. m. b. H. Gegründet 1907
Aelteste Eierverwertungsgenossenschaft Deutschlands

Die Norddeutsche Knochenverwertung Neukranz entstand 1836. Aus ihr entwickelte sich später die Chemiefabrik.

Kinder sammelt Knochen! So hieß es früher. Dieses Bild zeigt den Chef der Knochenverwertung mit seiner Belegschaft. Der zu der Zeit moderne Bus wurde für den Fahrdienst der Mitarbeiter genutzt.

In der Draht- und Metallfabrik Salzwedel, einer Tochterfirma der Magdeburger Polte-Werke, mussten Kriegsgefangene unterschiedlicher Nationalitäten in Zwölf-Stunden-Schichten Schwerstarbeit in der Munitionsherstellung verrichten. Die Fabrik bestand Ende der 1920er-Jahre bis zum Ende des Zweiten Weltkrieges. Es gibt so gut wie keine genauen Daten mehr über dieses Werk.

Gegen Ende des 19. Jahrhunderts erreichte die Industrialisierung auch die Hansestadt. Mittelständische Industriebetriebe entstanden, so beispielsweise die hier abgebildete Zuckerfabrik Salzwedel. Am 21. Mai 1892 wurde die Fabrik mit einem Stammkapital von einer Million Mark gegründet. Sie war damals die größte Zuckerfabrik in Deutschland. Um einen schnelleren Abtransport zu gewährleisten, wurde ein Gleisanschluss an die Kleinbahn geschaffen und mehrere Lokomotiven wurden erworben. Die komplette Fabrik wurde in nur einem Jahr aus dem Boden gestampft.

Die erste Salzwedeler Baumkuchenfabrik besteht schon seit 1807 und wurde von Johann Andreas Schernikow gegründet. Die geheime Rezeptur ist seit über 215 Jahren in Familienbesitz. Das handgefertigte Gebäck schmeckte König Wilhelm I. so gut, dass er die Baumkuchenfabrik im Jahr 1865 zum kaiserlich-königlichen Hoflieferanten ernannte. Fritz Kruse kaufte die Salzwedeler Baumkuchenunternehmen der Familie Schernikow auf und vereinte sie 1928 zu den Vereinigten Baumkuchenfabriken. Die intensive Vermarktung durch die Salzwedeler Firma Schernikow/Kruse Ende des 19. und Anfang des 20. Jahrhunderts verlieh Salzwedel den Ruf als „Baumkuchenstadt". Heute wird der Baumkuchen in verschiedenste Länder der Welt versendet.

Im Jahr 1872 gründete die Familie Loewe in Salzwedel eine Graugussgießerei. In der Produktionsstätte vor dem Lüchower Tor stellte man die Gussteile für landwirtschaftliche Maschinen und andere Produkte her. Um 1900 wurden dort die ersten Handkolbenpumpen entwickelt und produziert. Fortlaufend modernisierte die Familie ihren Betrieb und erweiterte ihn bald um eine Maschinenfabrik. 1912 kam die erste liegende, einfach wirkende und elektrisch angetriebene Kolbenpumpe auf den deutschen Markt. Die Pumpen mit dem Markennamen „Wasserknecht" folgten 1924. Diese Pumpen werden vorwiegend in der privaten Wasserversorgung, in der Landwirtschaft und zur Schiffswasserversorgung verwendet. „Ein Leben lang dient treu und recht – dir der Loewe Wasserknecht", das Sprichwort zeugte von der Langlebigkeit dieser Pumpen und war auf fast allen älteren Wasserknecht-Pumpen zu lesen. Dank moderner Maschinentechnik, ausgeklügelter Ingenieurskunst und Serienproduktion fertigte Loewe allein im Jahr 1934 über 12.000 Handpumpen. Wie bereits 1914 musste auch 1942 die Produktion teilweise auf Kriegswaffen umgestellt werden und es wurden Granaten produziert. 1994 firmierte das Unternehmen zur Dosier- und Prozesstechnik GmbH um, lediglich der Geschäftsbereich Dosierpumpen wurde weitergeführt. Seit 2014 trägt der Betrieb den Namen Pumpenfabrik Salzwedel GmbH bzw. seit 2022 PFS Holding GmbH.

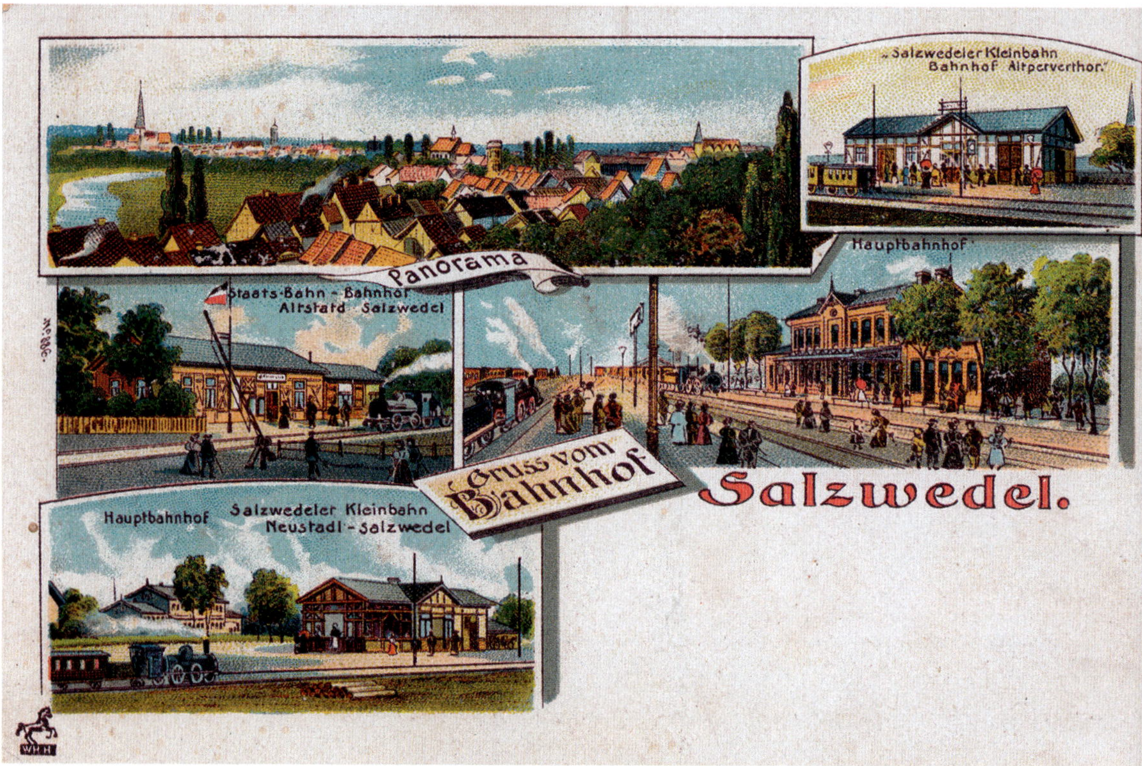

In und um Salzwedel fuhren in einem weit verzweigten Netz regelspurige Kleinbahnen provinzialer und privater Eisenbahngesellschaften. Aufgrund der vorwiegend ländlichen Struktur dienten die Bahnen der Personenbeförderung und dem Transport von landwirtschaftlichen Ertragsgütern, Vieh, Düngemittel, Kohle und Baustoffen. Am 7. September 1899 wurde die AG Kleinbahn Bismark–Calbe–Beetzendorf mit Sitz in Calbe an der Milde gegründet. Bereits im selben Jahr konnte die erste Strecke eröffnet werden. Sie führte von Bismark-Anschlussbahnhof an der Hauptbahn Stendal–Salzwedel (betrieben seit 1870) in westlicher Richtung über Bismark-Stadtbahnhof nach Calbe an der Milde. Es ging weiter über Badel nach Beetzendorf an der Staatsbahnstrecke Oebisfelde–Salzwedel. Die Fortsetzung über Rohrberg nach Diesdorf folgte am 24. Dezember 1903. Die Bahnstrecke Salzwedel–Badel war eine eingleisige Nebenbahn und wurde ab 1901 von der Kleinbahn Südost GmbH erbaut. Ursprünglich führte sie als meterspurige Strecke nach Winterfeld, rund fünf Kilometer westlich von Badel. Später wurde sie normalspurig. Die rund 20 Kilometer lange Strecke verband die Kreisstadt Salzwedel an der Bahnstrecke Stendal–Uelzen mit dem südöstlich gelegenen Ort Badel an der Bahnstrecke Hohenwulsch–Beetzendorf. Sie verlief ursprünglich vom Bahnhof Salzwedel-Neustadt zum Bahnhof Salzwedel-Altperver Tor, wo die von der damaligen Salzwedeler Kleinbahn erbaute Bahnstrecke Salzwedel–Diesdorf abzweigte. Um Kosten zu sparen, wurde damals eine Spurbreite von 1.000 Millimetern gewählt. Die Betriebseröffnung erfolgte am 1. September 1902, Betreiber war die Kleinbahn Südost GmbH. Wichtigster Güterkunde war ab 1903 bis zu ihrer Schließung 1990 die Chemische Fabrik Neukranz & Co., die im Salzwedeler Stadtteil Perver Düngemittel herstellte. Im Bahnhof Fuchsberg sorgte ein Hartsteinwerk für eine weitere Steigerung der transportierten Tonnage. Mit Beginn des Ersten Weltkrieges setzte jedoch ein Niedergang der Kleinbahn ein, da es an Arbeitskräften mangelte und der Gewinn sank.

6

Erziehung und Bildung

Diese Ansichtskarte aus dem Jahr 1910 zeigt das vierte Reichswaisenhaus an der Ritzer Chaussee (heute Schillerstraße) gegenüber dem Schützenhaus. Bereits vor Gründung des Reichswaisenhauses gab es einige wenige Waisenhäuser im Deutschen Reich, allerdings noch keines, welches Waisen aller Konfessionen und aus dem gesamten Reich aufnahm. Es galt damals das Wohnortprinzip. Die bestehenden Waisenhäuser nahmen demnach nur Kinder auf, die aus dem jeweiligen Wohnort stammten. Der Alltag im Reichswaisenhaus war absolut durchstrukturiert und minutiös getaktet. Die Hausordnung gab vor, zu welchen Zeiten die Kinder aufstanden, aßen, zur Schule gingen, Hausaufgaben machten, zusätzliche Putz- und Aufräumdienste ausführten, spielen konnten oder ins Bett gehen mussten. Die Erziehung wurde, wie allgemein üblich, streng gehalten.

Die Schule, die alle Kinder besuchen mussten, war die Volksschule. Da die Kinder aus Arbeiterfamilien mitarbeiten und schnell Geld verdienen mussten, wechselten kaum welche auf das Gymnasium. Zudem konnten sich Arbeiterfamilien den Luxus wie den Besuch eines Gymnasiums kaum leisten.

In der Landwirtschaft hatte die Arbeit von Kindern seit jeher Bestand und auch in der Hausindustrie war Kinderarbeit lange vor der Industrialisierung vorzufinden. In den deutschen Fabriken existierte sie dagegen nur etwa 100 Jahre.

In der weiteren Entwicklung der Heranwachsenden gab es anschließend unterschiedliche Ausrichtungen des beruflichen und kaufmännischen Werdegangs und dazu die entsprechende Schule. 1919 wurde in Deutschland eine flächendeckende Unterrichts- und Bildungspflicht bzw. Schulpflicht eingeführt. Hauptsächlich ging es darum, Bildung, also Wissen, Fähigkeiten und Werte, schon frühzeitig gezielt im Unterricht zu vermitteln.

Die Kinder gingen zu dieser Zeit nicht gerne in die Schule. Es herrschten raue Sitten und ein strenges Regime. Da das Militär eine wichtige Rolle in der Gesellschaft einnahm, waren auch schon die Kinderlieder zu dieser Zeit rau. Einigen ist bestimmt das Weihnachtslied von Hoffmann von Fallersleben noch bekannt: „Morgen kommt der Weihnachtsmann, kommt mit seinen Gaben; Trommel, Pfeife und Gewehr, Fahn' und Säbel und noch mehr, ja ein ganzes Kriegesheer, möcht' ich gerne haben."

Die Erziehung erinnerte an einen Kasernenhof: Fast alle Lehrer sprachen die Kinder im Befehlston an. Die Kinder hatten höflich und respektvoll zu sein und wehe dem, der das nicht war. Aktiven Kindern wurde auf den Hintern oder auf die Hand geschlagen, die Prügelstrafe war an der Tagesordnung. Die Eltern hatten durch die harte Arbeit oftmals keine Zeit für die Kindererziehung.

Nach der Bauausführung von 1903 bis 1905 wurde die Höhere Mädchenschule (Lyzeum) im Januar 1906 feierlich eingeweiht. Dieser Prachtbacksteinbau prägt bis heute das Stadtbild Salzwedels. Den Salzwedeler Bürgerinnen und Bürgern ist er vor allem als Lyzeum und später in der DDR als „Pionierhaus" in Erinnerung. Heute befindet sich hier das Kunsthaus Salzwedel.

Höhere Landwirtschaftsschule in Salzwedel (Altmark)

(Gründungsjahr 1906)

Höhere Lehranstalt für Landwirtssöhne i. U. zur Oberschule für Jungen Kl. 1—5 (Zubringeschule)

Aufnahme zu Ostern nach dem Besuch der Grundschule (10 Jahre)

Auskunft erteilt **der Anstaltsleiter** — Ruf Salzwedel 24

Städtische Oberschule für Mädchen

(Sprachliche Form) Klassen 1—8. Das Reifezeugnis der 8. Klasse berechtigt zum Hochschulstudium. Nach dem Uebergang von der 5. in die 6. Klasse findet eine hauswirtschaftliche Prüfung statt.

Fremdsprachen: 1. und 2. Klasse Englisch, 3. bis 5. Klasse Englisch u. Französisch (nur für die nächsten 3 Jahre), 6. bis 8. Klasse Englisch, Französisch, Latein Wahlfach

Städt. gewerbl. Berufsschule

Salzwedel, Südbockhorn 66

Ruf 24-26 der Stadtverwaltung, Hausapparat 51

7 Berufsgruppen

18 Klassen — 400 Schüler

(Tagesunterricht)

Aufbau-Lehrgänge für Metall, Baugewerbe u. Elektrotechnik

(Abendunterricht)

Kaufmännische Berufsschule der Industrie- u. Handelskammer in Salzwedel

Südbockhorn 66 - Fernsprecher 405

In Salzwedel gab es schon immer eine große Anzahl von Bildungseinrichtungen wie die Höhere Landwirtschaftsschule (gegründet 1906), die Städtische Oberschule sowie Berufliche, Gewerbliche und Kaufmännische Schulen.

Der Reichsarbeitsdienst (RAD) wurde 1935 eingeführt und diente der Erziehung und körperlichen Ertüchtigung der Jugend. In der Nähe von Salzwedel gab es die Abteilung 6/133 „Hennigs von Treffenfeld" und in Cheine die Abteilung 8/133 „Markgraf Albrecht II. von Brandenburg".

Die Abteilungen wurden für verschiedene Arbeiten wie zum Beispiel für die Begradigung von Flüssen wie der Dumme herangezogen.

Der RAD beim Faulenzen in der Mittagspause.

Arbeiter beim Ausgraben und Wegschaufeln von Erde im Flussbett der Dumme.

7

Vereine, Feste, Freizeit

Schützenvereine haben eine lange Tradition in der deutschen Geschichte. Sie entstanden aus Bruderschaften, die ausschließlich das gezielte Schießen auf Scheiben ausübten. Erst später kam es dann zum Schießsport, der auch mit Wettkämpfen verbunden war. Oftmals war der Hintergrund militärischer Natur. Auch heute präsentieren sich Schützenvereine noch mit prunkvollen Märschen und Feierlichkeiten. Hier ist der Festzug zur 200. Jubiläumsfeier der Schützengilde zu Salzwedel 1895 zu sehen.

Das Schützenhaus befand sich dort, wo heute die Tanzschule Müller beheimatet ist. Zu DDR-Zeiten war hier die HO-Gaststätte „Stadt Salzwedel", im Volksmund auch bekannt als „Fresswürfel".

Am 14. Oktober 1909 wurde der FC 09 Salzwedel im Hotel/Restaurant „Union" mit 14 Mitgliedern gegründet. Die Gründungsmitglieder waren unter anderem: W. Hedel, A. Benecke und H. Rabusch. Rabusch wurde zum 1. Vorsitzenden gewählt. Als Spielfeld diente der Gymnasialplatz an „Meyer's Ziegelei", am heutigen Dämmchenweg. Nach dem Ersten Weltkrieg wurde die Wiederaufnahme des Spielbetriebes am Schützenplatz beschlossen. 1921 erfolgte die Gründung des Jeetzegaus, eine Spielklasseneinteilung, die in etwa dem Niveau einer Bezirksliga entspricht, unter anderem mit der SpVgg Eintracht Salzwedel, dem TuS Wustrow, dem VfB Klötze und dem SV Immekath. 1929 zog man an die heutige Straße An der Flora um, weil der Platz nicht mehr ausreichte. Der Verein zählte 1934 bereits 200 Mitglieder und hatte vier Herren-, eine Altherren-, eine Jungen- und eine Knabenmannschaft im Spielbetrieb, vorwiegend auf Kreis- und Verbandsebene.

◂ Auf dem 1887 zugeschütteten Moorteich steht die Stiftung des Hamburger Großkaufmanns Carl Wilhelm Schülcke, eine Turnhalle, die seinem Lehrer Agricola zu Ehren Agricola-Turnhalle genannt wird. Am 14. Mai 1862 gründete sich auf Initiative des Salzwedeler Gesangvereins Liedertafel der Männerturnverein (MTV) und damit der erste Sportverein der Hansestadt. Die ersten Brandbekämpfer der 1875 gegründeten Freiwilligen Feuerwehr Salzwedel waren größtenteils Sportler des MTV. Erst ab 1889 hatten die Sportler mit der Agricola-Turnhalle einen festen Sitz. Bis dahin fanden die Leibesübungen unter freiem Himmel statt.

Diese Feldpostkarte entstand 1933 zur 700-Jahr-Feier von Salzwedel, der Stadt Albrechts des Bären.

Im Rahmen der 700-Jahr-Feier wurde ein großer und spektakulärer Umzug aller Vereine durch Salzwedel veranstaltet, hier ist er am Neuperver Tor zu sehen.

Diese äußerst seltene Postkarte mit dem Oberleutnant Alfred Hildebrandt vom Luftschiffer-Bataillon Reinickendorf-Berlin zeigt den Aufstieg des Ballons „Süring" 1904 in der Wallstraße, die damals noch unbebaut war. Der Aufstieg war zu dieser Zeit eine Sensation, die die Massen anzog. Hildebrandt war bekannt geworden, weil er im Jahr 1901 als Ballonfahrer einen Weltrekord aufgestellt hatte. Die 14-stündige Ballonfahrt von Berlin ins schwedische Växjö war die erste Ostseeüberquerung mit einem Freiballon.

Anfang des 19. Jahrhunderts nutzte man die ersten Zeppelin-Flugschiffe in Deutschland für die Personenbeförderung. Diese Aufnahme entstand vermutlich in den 1930er-Jahren über dem Hotel „Deutscher Hof" in der Neuperverstraße.

Der Erfinder und Namensgeber dieser gigantischen Flugkörper oder auch Starrluftschiffe war Ferdinand Graf von Zeppelin. Die Zeppeline waren aufgrund ihrer Materialbeschaffenheit anfällig für Feuer und Sturm, da der mit Traggas gefüllte Baukörper leicht war und schnell durchlöchert werden konnte und das Gas schnell entflammbar war.

Zeppeline waren ungefähr von 1900 bis 1940 im Einsatz. Nach der ersten Fahrt am 30. Juli 1912 absolvierte das Luftschiff „Hansa LZ 13" rund 400 Passagierfahrten. Diese Aufnahme des Zeppelins über dem „Schwarzen Adler" ist nicht echt, sondern eine Bildmontage.

Mit den aufkommenden Ballon- und Zeppelinfahrten entdeckte man zunehmend die Luftbildfotografie als Hobby. Die ersten Bilder wurden bereits um 1884 in Berlin von einem Ballon aus der Luft aufgenommen. Zunehmend setzten sich mit dem Fortschritt die Flugzeuge gegen die Konkurrenz der Ballons und Zeppeline durch. Der Staat wollte damals schon das Luftbildwesen kontrollieren, trotzdem wurden viele Fotografien von Firmen und Privatpersonen gemacht. Diese Fliegeraufnahme stammt aus den 1930er-Jahren.

Auf diesem Bild sind der Burggarten, der Wasserturm, die Kirchen und in Ansätzen auch die ringförmige alte Stadtmauer zu erkennen. Links ist die Badestelle im Pfefferteich im Schulenburgpark zu sehen.

Öffentliche Badeanstalten dienten ab dem 19. Jahrhundert vor allem den unteren Schichten, die kaum die Möglichkeit der regelmäßigen Körperpflege hatten. Daher suchte man sich Gewässer, große Teiche oder Flüsse, um sich zu treffen und zu baden. Der hier abgebildete Pfefferteich war eine beliebte Badestelle. Am Ufer führte ein hölzener Steg entlang. Auch der eindrucksvolle Sprungturm ist zu erkennen.

Auf diesem um 1920 entstandenen Foto genießen Kinder das leckere Eis einer Eisdiele im Zentrum der Stadt.

Die Vereinigten Lichtspiele (früher Zentraltheater) und Bunte Bühne (V.L.B.) wurden 1920 am Paradeplatz, heute Nicolaiplatz, eröffnet. Für die Unterhaltung seiner Gäste standen dem Inhaber des Lichtspieltheaters „Schauburg", Walter Raake, maximal 600 Plätze zur Verfügung. Das Kino wurde bis 1941 unter wechselnden Besitzern betrieben.

8

Gastliches Salzwedel

Es ist kaum zu glauben, Salzwedel war einmal das „Nordische München", eine Kneipenstadt mit nicht weniger als 100 Lokalen, die um Gäste buhlten. Man nimmt an, dass Salzwedel um 1900 mehr Schankwirtschaften als München oder Prag besaß. Oft verschwanden diese schnell von der Bildfläche und andere machten an neuer Stelle wieder auf, ein ständiges Kommen und Gehen. Die Preise waren moderat, sodass sich auch ein armer Bürger den Luxus eines Soltmanns, Magdeburger Diamants oder Löwenbräu-Bieres leisten konnte. Ob die Salzwedeler besonders trinkfest waren, ist nicht bekannt.

Die Gaststätten- und Restaurant-Landschaft war vielfältig. Es war, im wahrsten Sinne des Wortes, an jeder Ecke ein Gasthaus zu finden. Als die Topadressen galten unter anderem das „Odeon", das „Tivoli", der „Salzwedeler Hof", der „Kaiserhof", das Hotel „Union" oder die „Flora". Zudem gab es im Umkreis mehrere Landhäuser mit Beköstigung und gutem Bier. Man hatte wahrlich die Qual der Wahl, wo man beim Wochenendausflug einkehren wollte. Jeder Verein hatte seine Lieblingskneipe als Treffpunkt für regelmäßige Zusammenkünfte. Dazu kamen gute Cafés, die Baumkuchen anboten, und Tanzlokale.

Auch an Hotels mangelte es nicht. Um 1930 gab es fast 200 Hotelbetten und Zimmer, die viele Geschäftsleute und Handlungsreisende nutzten. Einige Häuser boten sogar einen Abholservice vom Bahnhof an.

Das „Landhaus Lindenhof" mit Garten, auch „Flora" genannt, gehörte zu den beliebten Ausflugszielen in Salzwedel.

Das Restaurant „Tivoli“ von Hermann Lunkwitz zählte mit seinem Gesellschaftsgarten zu den gastronomischen Topadressen.

Otto Winkelmanns Etablissement „Odeon" wurde für Feierlichkeiten jeder Art genutzt. Hierfür stand neben dem Gesellschaftsgarten auch der opulente, hochherrschaftliche Saal zur Verfügung.

Aus den Dachluken des Cafés „Karl Haase's" wehen die Fahnen zum Maifeiertag. Die Häuser sind geschmückt und die Menschen schauen begeistert aus den Fenstern, um den Umzug durch die Stadt zu verfolgen.

Neben dem Karlsturm befand sich der „Gasthof zum Karlsturm". Das Gasthaus wurde jedoch mittlerweile abgerissen.

Hier ist die Neutor-Schänke
um 1908 zu sehen.

Schon früher gab es eine Klassifizierung nach Rang und Namen. So war es nicht verwunderlich, dass man in einige Hotels gehobenen Standards nicht eingelassen wurde. Das Hotel „Kaiserhof" am Großen Stegel 79 (heute Goethestraße) war eine der besten Adressen der Stadt. Die Räume hatten hohe Decken, die mit Stuck verziert waren. Zudem gab es eine Zentralheizung und eine hochmoderne Zimmerrufanzeige.

Auch die Gäste des Hotels „Deutscher Hof" in der Neuperverstraße zählten zum gehobenen Klientel. Hier hatte einst auch Fürst Bismarck genächtigt. Ein Portier wachte in einer Glaskanzel am Eingang und musterte den Besucher. Entsprach dieser nicht den Ansprüchen, wurde er schnell wieder hinausgeleitet.

Das Hotel „Union" am Großen Stegel bot neben dem Hotel- und Restaurantbetrieb auch Bootsfahrten an. In den 1920er-Jahren hieß es noch Café „Vaterland" und wurde später von den Besitzern Max Schaumburg und Lisa Buch umbenannt. Es war ein gepflegtes Hotel und relativ beliebt.

Mit dem Ausbau der Bahnverbindungen entstanden auch die Bahnhofswirtschaften, in denen der müde Reisende schnell eine Übernachtungsmöglichkeit fand. Die verschiedenen Streckeneröffnungen von 1870 bis 1901 ließen die Herbergen florieren. Das Hotel „Zur alten Dampflok" befand sich im Hauptbahnhof. Weitere Wirtschaften gab es im gegenüberliegenden Bahnhof Salzwedel-Neustadt oder am Bahnhof Altperver Tor, nicht zu vergessen das hier abgebildete Bahnhofs-Hotel von Max Heidfeld.

Diese zeitgenössische Werbekarte des Bahnhofs-Hotels zeigt das Speise-, Schreib- und Restaurantzimmer um 1900.

Das Hotel und Café „Zur Sonne" bot neben Übernachtungsmöglichkeiten auch erstklassigen Kaffee und eine angenehme Atmosphäre für den gut situierten und gepflegten Gast.

Nachwort

Salzwedel ist heute vor allem durch seinen Baumkuchen weltweit bekannt. Doch die kleine Hansestadt hat eine lange Geschichte, die fast bis in das 8. Jahrhundert zurückreicht. Durch Landwirtschaft und Handwerkskunst brachten es Salzwedel und seine Einwohner zu einem gewissen Wohlstand. Aufgrund zahlreicher Fachwerkhäuser, schöner Parks und viel Natur ist das „Klein Venedig" eine Idylle in der Altmark.

Unser Hauptaugenmerk als Autoren lag auf der Entwicklung der Stadt, auf den historischen Bauwerken, dem Entstehen und Verschwinden von Handwerk und Handel sowie Landwirtschaft und Industrie, auf Bildungseinrichtungen, auf dem regen Vereinsleben und dem Wandel der Kneipen und Gaststätten. Wir wollten die Arbeiten an diesem Buch schon früher abschließen und nach einem Jahr ist es nun geschafft. Wir haben mit viel Hingabe versucht, Erinnerungen neu aufleben zu lassen.

Also bis zum nächsten Mal in „Soltwedel". Besuchen Sie unsere Stadt, es lohnt sich.

Herzliche Grüße
Danielo Kopka und Ingo Drechsel

Mit einer Limousine durch die Stadt fahren, um 1915 wird ein Traum wahr. Hier am Altstädter Bahnhof in Salzwedel.

In dem alten Giebelbau in der Burgstraße ist heute eine Apotheke ansässig.

Danksagung

Wir danken all den Menschen, die uns bei diesem Projekt begleitet und in Form von Worten, Bildern und zusätzlichen Ideen tatkräftig unterstützt haben. So können wir nun ein wunderschönes und vor allem interessantes Werk präsentieren. Dem Sutton Verlag danken wir für die tolle Zusammenarbeit und technische Unterstützung in jeder Phase bei der Entstehung und Umsetzung dieses Buches.

Besonders hervorheben möchten wir die Hilfe von:

Steffen Langusch, Stadtarchiv / Archivar der Stadt Salzwedel, Ulrich Kalmbach / Johann-Friedrich-Danneil-Museum, Uwe Meineke, Karl Holzhausen, Wolfgang Danicke, Eberhard Wujciak, Maik Baumann, Waltraut Reinke, Alfred Hermann, Frank Schulze, Dampflokfreunde e.V., SV Eintracht Salzwedel e.V., SLUB / Freimaurer, Pumpenfabrik Loewe, Herr Steffens / Steffens Pumpen-Fachhandel GmbH, Claudia Bartels, Alexander Rekow.

Bildnachweis

Sammlung Danielo Kopka: Vorsatz, Seite 2–4, 8, 10, 11, 12 oben, 13–18, 19 oben, 20–27, 29–33, 34 unten, 35–50, 52, 54–58, 59 oben, 60–62, 64, 65, 66 unten, 67–69, 70 links, 71–75, 77 unten, 78, 79, 81–84, 86, 87, 88 unten, 89, 90, 92, 93, 95–100, 102, 103, 104 oben, 105–119, Nachsatz, Einband hinten; Sammlung Ingo Drechsel: Seite 5, 9, 12 unten, 28, 34 oben, 51, 53, 63, 70 rechts, 80, 94, 104 unten; Uwe Meineke: Einband vorn; Karl Holzhausen: Seite 6; Dampflokfreunde e.V.: Seite 19 unten; National Archive Washington DC: Seite 59 unten; Johann-Friedrich-Danneil-Museum: Seite 66 oben, 76, 77 oben; Claudia Bartels: Seite 85; Frank Schulze: Seite 88 oben; Herr Steffens / Steffens Pumpen-Fachhandel GmbH: Seite 91; SV Eintracht Salzwedel e.V.: Seite 101.

Hauptbahn
Vollspurige Nebenbahn
Bleich-
wiesen
Gesund-
brunnen
Huckenweg
Fl 46
Mittelenden in den
Wolfsberg-stücken
Überland-
Werk
Westring
Karl Marx Straße
Kranken-
haus
Lüneburger Straße
Galgenstücke
R71
Freiligrathstr.
Schule
Friedhof
von
St. Katharinen
Friedhof
von
St. Marien
Fl. 42
Platanenallee
Kronsberg
Kreishaupt-
kasse
Raths.
Verw. Geb.
Rathaus
Denkm.
Burggarten
Ev. K.
Agri-
Turn-
halle
Pfeffer-
teich
Fl. 44
Fl. 40
Schulen-
burg-
park
Fl. 60
Hopfen-
garten
Dumme
Fl. 35
Pferde-märsche
Hirtengraben
Spiel-
pl.
Schule
Landw.
Schule
In den
Bullenwie
Reimmannstraße
Fl. 35
Bf. Salzwedel
Altstadt
Fr.
Engels-
Pl.